用学习滋养自己

1

我们应该认识到，学习是每个女生必须扛在肩头的"成长武器"。只有投入地学习，才能在未来有所收获。

妍丽这次考试进步特别大。成绩出来后，李老师请妍丽上台为同学们分享她的学习心得。

听到李老师叫自己上讲台，妍丽的心怦怦直跳。该说些什么呢？自己可从来没站在讲台上面对这么多人说过话。

李老师走到妍丽的身边，轻声对她说："不用

优等生
进阶计划
学习能力

刷刷 著

希望出版社

图书在版编目（CIP）数据

优等生进阶计划：学习能力 / 刷刷著. -- 太原：希望出版社, 2025.3. --（女生成长小红书）.
ISBN 978-7-5379-9277-0

Ⅰ.G791-49

中国国家版本馆CIP数据核字第2024KR7888号

YOUDENGSHENG JINGJIE JIHUA XUEXI NENGLI

优等生进阶计划　学习能力

刷　刷　著

出版人：王　琦		美术编辑：安　星	
项目统筹：翟丽莎		封面绘图：赵倩倩	
责任编辑：安　星		装帧设计：安　星	
复　　审：翟丽莎		责任印制：李　林	
终　　审：田俊萍			

出版发行：希望出版社

地　　址：山西省太原市建设南路21号

开　　本：880mm×1230mm　1/32　　印　　张：5

版　　次：2025年3月第1版　　印　　次：2025年3月第1次印刷

印　　刷：山西基因包装印刷科技股份有限公司

书　　号：ISBN 978-7-5379-9277-0　定　　价：29.00元

目录

紧张，就把你最近学习的感受给大家讲讲。"

看到李老师鼓励的笑容，妍丽的心平静了许多，她慢慢向讲台走去。

"听说没有，妍丽的爸爸妈妈离婚了。"

从座位到讲台的短短几步，妍丽走得并不轻松，耳边听到的都是同学们七嘴八舌的议论。

"其实也没有什么秘诀。"妍丽一开口，教室里瞬间安静了下来，大家都瞪大眼睛、竖起耳朵听她怎么说。

"嗯。"妍丽清清嗓子，继续说道，"没错，我爸爸妈妈是离婚了。以前，我不愿意让别人知道，心里也不愿意接受，所以，我几乎每天都要和妈妈吵架。妈妈要我好好学习，我偏不学。妈妈讨厌什么，我就干什么。"

妍丽的话让大家感到很吃惊，谁也没想到她会当着全班同学的面说起家里的变故。

自信
焕发光彩
苦口婆心

　　"我要感谢李老师，是她让我明白，学习是可以给人力量的。我的功课底子并不差，在李老师的帮助下，我很快就赶上来了。在学习的时候，我会感觉到特别充实，是学习给了我安全感。"

　　顿时，教室里响起了热烈的掌声，站在角落里的李老师眼角湿润了。

　　李老师悄悄擦掉眼泪，走上讲台问大家："你们觉得妍丽漂亮吗？"

　　"漂亮！"同学们异口同声地大喊。

　　李老师微笑着说："这是因为妍丽变得自信了。妍丽说得没错，学习会让一个人获得安全感，学习可是会滋养人的哦。"

听完李老师的话，同学们都大笑起来，同时，也将妍丽和李老师的话牢牢记在了心里。

走下讲台的妍丽，一下子觉得自己好高大。她不再是以前那个卑微又可怜的女孩了。是李老师改变了她，是学习改变了她。

妍丽曾经是学习优秀的乖乖女，变化发生在她的爸爸妈妈突然宣布离婚的那一年。那时妍丽的心情非常沉重，她怕别人知道自己家的事，怕被别人瞧不起。在学校里，她故意表现得盛气凌人；在家里，她开始怨恨妈妈，处处和妈妈对着干。

结果，妍丽的成绩下降了很多。

看到妍丽的成绩单，妈妈更加生气了，她罚妍丽整个假期都不许出去玩，并买回一大堆复习资料让妍丽补习。

妍丽却枕着复习资料睡大觉，任凭妈妈苦口婆心，她始终无动于衷。

慢慢地，妍丽变得形单影只，身边没有一个朋

友，而且总是像个火药桶一样，一碰就炸。同学们只好都远远地躲着她。

妍丽的变化让李老师很着急，她悄悄找过妍丽妈妈。妍丽妈妈哭着告诉李老师："离婚也是迫不得已的，想着妍丽长大了，应该可以理解，没想到事情会变成这样。"

李老师和妈妈谈了很久，一起商量挽救妍丽的办法。

有一天，妍丽突然收到一份神秘礼物，打开一看，是一本书，扉页上写着：即使你一无所有，也不要放弃学习。

知道礼物是李老师送的以后，妍丽渐渐对李老师敞开了心扉，她告诉李老师："我觉得自己好孤单，我什么也做不了，什么也改变不了。"

李老师其实早就猜到了妍丽的心思，便说："你可以先改变你自己呀。你现在需要做的就是学习，

不要以为学习是别人套在你头上的枷锁，在学习中，你会感受到充实，感受到安全，学习会让你的青春焕发光彩。"

看到妍丽若有所思，李老师继续说："你现在手握着青春，一切都来得及。好好努力，将来再回忆现在的日子时，才不会后悔。"

从那时起，妍丽开始在李老师的帮助下忘我地学习。她还在日记本里写下一句话：只有学习才能滋养你。

慢慢地，妍丽发现，学习的时候总会有一股强烈的安全感升腾而起。她曾经埋怨过家庭没有给自己安全感，但最后却发现，被自己冷落的学习也能给自己安全感。

重拾信心的妍丽，有目标，有追求，知道自己要什么。

现在的妍丽是优秀的，拥有坚定的眼神，拥有不可战胜的力量。有时，连妍丽自己都感到吃惊，昨天的"丑小鸭"怎么转眼间就变成今天人人羡慕的"白天鹅"了？

刷刷姐姐
有话说

让学习来滋养自己

很多女生都对刷刷姐姐说："学习真是种煎熬啊！"

没错，学习的确是件很辛苦的事情，但是，我们无法改变学习需要辛苦付出的现实，而只能选择勇敢地去面对。面对的态度或方式不同，结果就不同。

大家都有过泡茶的经验吧，把茶叶放到沸腾的开水中，很快就会飘散出沁人的香气。想想看，在沸水中，茶叶同样是在受煎熬，但是，恰恰是这种煎熬，使得所有的叶片

都舒展开，并把香味释放出来，无色无味的水就变成了一杯香茗。

当我们选择做茶叶的时候，学习的煎熬就会变成滋润。学习不但不能打败我们，反而能让我们舒展，释放出所有的潜力。

学习就是这样一个奇妙的过程，看上去艰难，但只要投入其中，就会渐入佳境，不苦反甜，还能收获你所需要的能量。

　　学习是我们获取知识的手段，是我们成长的必经之路，当我们全身心投入其中的时候，我们会感觉到安全、充实和幸福，而这些，正是青春期的女生所需要的。在学习中汲取安全和幸福的能量，让这些能量滋养青春，女生会变得更加漂亮、自信和动人。

女生小攻略

如何自信、积极地面对学习

当我们对学习的信心足了、干劲大了，我们学习的决心也就更坚定了。

以下几个攻略，也许能帮到你哦！

1. 独立思考

不要过分依赖老师或者家长，不然一旦离开他们，你的学习可能会变得毫无章法，心里会感到不安和恐慌，甚至因此失去对学习的信心，自暴自弃。所以在平时的学习

中，要自觉加强自我学习、自我探究等方面的训练，和同学相互讨论、相互交流，一起努力、共同提高。

2. 不怕犯错

中国导弹之父钱学森说："正确的结果，是从大量错误中得出来的，没有大量错误做台阶，也就登不上最后正确结果的高峰。"犯了错不要紧，要紧的是从中吸取教训，不再犯同样的错误。

3. 不要随便怀疑自己

猜疑是一种毒瘤。不要因为老师或者同学某个不经意的、怀疑的眼神，就对自己丧失信心。有个女生在作文里写过一段话："当看到试卷上的优秀，我多么期待老师的表扬啊！然而……难道进步、成功的花环就不属于我这个不招人喜欢的差生吗？"其实，这种时候，她需要主动找老师或者同学进行坦诚的交流。

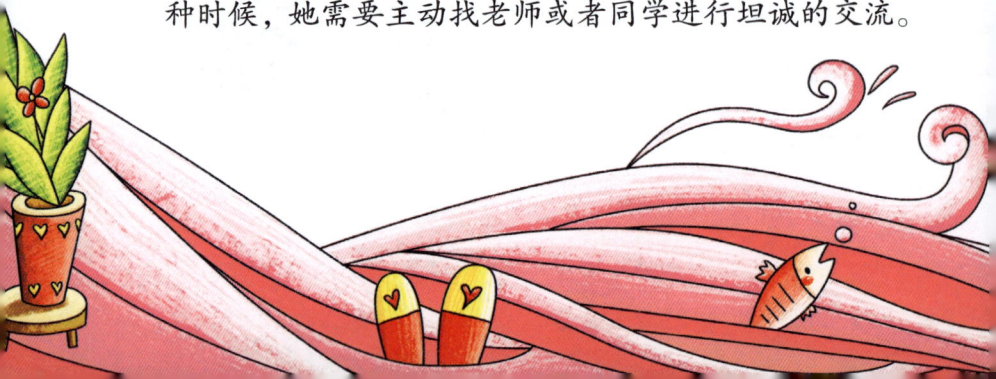

遇到类似的情况，首先要肯定自己的努力和进步；其次可以找值得信赖的人倾诉，让不好的情绪得到排解。

4. 获取老师的信任

得到老师的信任是每个学生的愿望，特别是犯错的时候，更希望老师能给自己一个改正错误的机会。

对老师来说，值得他们信任的学生是守纪律、积极向上的学生。要得到老师的信任，你可以从上课不

做小动作、不讲闲话做起，从认真完成老师布置的作业做起，也可以从考试坚决不作弊做起，等等。

建立起了师生间的信任关系，学习就可以成为一件既有安全感又轻松愉快的事情。

2

赶走瞌睡虫

有了意志力，在学习时就能战胜瞌睡虫，在学习的大战场上所向披靡。

◆ ◆ ◆ ◆ ◆ ◆ ◆ ◆ ◆ ◆ ◆ ◆ ◆ ◆ ◆ ◆
◆ ◆ ◆ ◆ ◆ ◆ ◆ ◆ ◆ ◆ ◆ ◆ ◆ ◆ ◆

"朵朵，快起床，要迟到啦！"

"嗯，再睡一小会儿，我太困了。"朵朵连眼睛都睁不开。

"要迟到啦，赶紧起来。"

"妈妈，你说我最近怎么这么瞌睡，总是睡不醒啊？"

这个……难道朵朵得了怪病？

当意识到这一点的时候，朵朵的妈妈不禁吓了一跳。

朵朵今年读初一，可她最近总说自己瞌睡。每天早上起床，妈妈都要叫半天，之后朵朵才揉着睡眼挣扎着起床。就连吃饭的时候，朵朵都是一副昏昏欲睡的样子。最要命的是，开家长会的时候，老师说朵朵上课的时候也会打瞌睡。

还有更奇怪的呢，朵朵在数学考试的时候竟然睡着了，还是监考的老师喊她醒来的呢。不过，这事朵朵没敢告诉妈妈。

该怎么办呢？妈妈马上给医生朋友打电话咨询，朋友建议妈妈带朵朵去做一下心理咨询，也许是学习负担太重、太紧张的缘故。

在一个阳光温和的下午，妈妈带朵朵找到了一位心理咨询师。在听过朵朵的讲述以后，心理咨询师给了妈妈一个建议：带朵朵参加一些条件比较艰

苦的锻炼，磨炼一下意志力，让朵朵学会控制自己。

回家后，妈妈和爸爸商量，到底让朵朵参加什么锻炼呢？爬山、学做饭还是……

"有啦，"爸爸突然拍着大腿叫道，"这个周末，就把朵朵送到农村老家去，让她帮着收麦子，这样既能放松紧张的心情，也能磨炼她的意志力。"

"不成不成，现在正是朵朵学习的关键期，哪能耽误那么久？再说，朵朵也没回过老家，万一住得不习惯，生病了怎么办？"妈妈听了直摇头。

"我看，这事让朵朵自己决定吧！"爸爸说。

一想到周末不用憋在家里学习，朵朵别提多高兴啦，立刻就同意了爸爸让自己回老家的建议。

回到老家，一下车，看着一眼望不到边的金灿灿的麦田，朵朵像一只小鸟一样雀跃着，心里乐开了花。

晚上，朵朵和老家一个叫花花的女孩同睡一个屋。听着窗外布谷鸟的叫声，朵朵好奇极了，她不停地向花花问这问那，折腾到半夜才睡着。一闭眼的工夫，朵朵就听花花在喊她："朵朵，该起床了！收麦子要赶早去，迟了天气就太热，麦子都晒脆了，麦穗很容易掉的。"

虽说朵朵不想起床，但是一闻到早晨的清香，她很快就清醒了。她赶紧洗漱，然后跟着花花出门了。

坚持
耐心
勤劳

走在田埂上，风儿轻轻吹来，凉凉的，感觉好极了。

等她们到了田里，大人们已经在忙碌了。收割机已割去了大片的麦子。花花的爸爸妈妈在收割机到不了的地方收麦子，朵朵和花花的任务是捡麦穗。

刚开始的时候，朵朵可卖力了，来来回回地跑，可过了不到一个小时，她就觉得腰酸背痛，双手也被麦芒扎了好几回，又痒又疼。

可看看花花，她已经把朵朵远远地甩在后面了。"朵朵姐，你要是累了，就到树下休息一会儿吧。"花花回过头笑着对朵朵说。

朵朵心想：临走的时候，爸爸专门交代自己，要是比花花做得好，就给她买一套新衣服。再说了，人家花花比自己还小两岁呢。

坚持到天黑的时候，朵朵已经累得直不起腰了。

晚上，朵朵再也没心情听什么布谷鸟叫了，胳膊上、脖子上，所有被太阳晒过的地方，都是红红的一片，一碰就疼。

此时此刻，朵朵才体会到在家学习是多么轻松自在啊。

回到家里后，妈妈发现朵朵有了变化——早上竟然能自己起床了。

"朵朵，最近还总是觉得困吗？"妈妈试探着问。

"好多了，早上起来感觉很精神呢。"

"太好了，看来我的方法起作用了。"爸爸兴奋地一拍大腿，"不过，这个方法还要坚持，这样，从今天开始，你起床后先跟我去跑步，然后再回家吃早饭。"

"好的，爸爸。"

"瞌睡虫"变成了勤劳的"小蜜蜂"，妈妈的心

终于放下了。

　　不久，学校那边也传来了好消息，老师表扬朵朵上课认真听讲，作业完成得很好，做起事来也更有耐心了，当然，学习成绩也有了提升。

刷刷姐姐
有话说

用意志力克服学习中的困难

人人都有自己的学习目标，很多人还制订了详细的学习计划，但很少有人能把学习计划坚持下去。通常是刚开始的时候，每天都能坚持，但一段时间后，就会遇到各种各样的困难，然后慢慢放弃。

如果你的学习遇到了阻力，花上一段时间去消除阻力，你会发现自己离目标越来越近。

就如同朵朵遇到的瞌睡问题一样，解决这个问题需要一个有效的方法，以及让自己能坚持下去的动力，并且有了改善之后还得继续按计划来执行，以此不断增强自己的意志力。在锻炼意志力的过程中，随着意志力的增强，学习中的困难自然而然能迎刃而解，从而获得成长。

另外，学会解决学习中遇到的困扰，也是优秀女生锻炼意志力的必修课。具体怎么做呢？

首先，反思一下自己的处境。想想遇到的困扰将会带来的不良后果，你会发现，不良的后果比目前学习的困扰要可怕得多。因而你需要认真思考排除困扰的方法，比如找老师谈心。

其次，思考如何培养自己的学习兴趣。一般来说，恰恰是对学习了解少才会失去兴趣。与其困扰，不如先动手做吧。有些事先做着，兴趣可能就会随之出现。比如：面对数学题无从下手，大多是因为基础太差，而对着题目发呆并不能解决任何问题，所以，不如就静下心来，从简单的题入手，当你通过思考解出题目后，你的成就感和对学习的兴趣就开始出现了。

最后，想想学习对生活的重要性。比如：如果学习成绩能过关，就能考上憧憬的大学！以此激发自身对学习的

热情，坚定努力学习的信念。

　　总的来说，学习不是一蹴而就的，肯定会遇到各种各样的困难。学会不畏惧困难，用强大的意志力去克服学习中的困难，是成为一个优秀女生所要面对的重要修炼之一。

女生小攻略

意志力自我训练方法

当学习遇到困难的时候，逃避是没有用的，只能通过增强自己的意志力来克服困难。好啦，按下面的方法，马上开启意志力自我训练吧！

1. 从小事开始锻炼

不要因为是小事就忽略它，小事恰恰能反映一个人的意志力。要善于利用身边的小事锻炼自己的意志，比如：作业本要随时保持整洁，

不啃笔头，爱护书本等。找到自己学习中的陋习，坚持去克服它，从小事做起，持之以恒，就能增强自己的意志力。

2. 制订并完成一些有难度但通过努力又能做到的任务目标

任务目标达成得过于容易，往往无法激起自己克服困难的成就感和自信心；而过于困难，无论如何努力也无法成功，则会打击积极性和自信心。为了更好地锻炼自己的意志力，应该有意识地去制订并完成一些有难度又能做到的任务目标。选择恰当的目标，进行有一定难度的训练，就可以达到锻炼意志力的目的。

3. 根据自身特点设计相应的锻炼方法

不同的女生，在意志力方面表现出不同的特点。根据自己的特点设计相应的锻炼方案，才能达到较好的效果。例

如：有的人什么都不怕，就怕打针；有的人很能吃苦，却受不得一点气；有的人看小说很有耐心，做起题来就急躁……因此，需要有针对性地设计锻炼方法，克服自身的弱点。

4. 坚持参加体育锻炼

参加体育锻炼是磨炼意志力的好方法，比如长跑，如果没有一定的意志力是很难坚持下来的。爬山、游泳、踢足球、做俯卧撑、跳绳、打篮球等，都对锻炼意志力有良好的效果。

5. 借助集体的力量提高意志力

参加集体活动，可以锻炼意志力，如集体登山、

野炊等。因为在集体活动中，不仅要服从安排，而且其中的优秀人员会成为其他人的榜样。在榜样的激励下，自己应对困难或困扰的决心会相应地增强，可以起到很好的锻炼意志力的作用。因而，集体的力量可以使一个人的意志力增强，使弱者变成强者。

3 作业不拖拉

学习就像登山，只有脚踏实地、一步一个脚印才能到达山顶。所以，想要取得好成绩，必须踏踏实实地完成每一天的作业。

可怜的倩倩，她生活在没完没了的作业中。

有一次，倩倩做家庭作业一直做到半夜十二点多，第二天到了教室，同学们惊讶地喊："快来看啊，倩倩长出熊猫眼了！"上课的时候，倩倩困得连眼睛都睁不开。

哎，怎么这么多作业！倩倩无奈地想，到底该怎么办呢？

好不容易盼来春游，大家都玩得很开心，可倩倩却好像完全没有心思玩。野餐的时候，倩倩一个人低着头坐在角落里，不说话，也不吃东西。

"倩倩，你怎么了？好像不开心啊。"方老师走了过来，手里拿着一个苹果，"给，吃吧。"

倩倩没想到方老师这么关心自己，赶紧接过苹果。

"谢谢方老师，其实也没什么，就是有点担心……"

"担心什么呢？"方老师笑着问。

"嗯，担心作业——您不是说了吗？春游结束后要写一篇不少于 500 字的游记，可我还有好多作业没写完，我担心我不能按时完成作业。"

方老师听完后沉思了一会儿，然后拍着倩倩的肩膀说："不要想太多。作业多有什么可怕的，静下心来一题一题地去解决，做作业的速度会在不知不觉中变快。记住了，为作业多而烦恼可一点好处

都没有，只会浪费做作业的时间，让自己变得拖拉。"

"对呀，我怎么没想到？"倩倩感觉豁然开朗了。

接下来的半天时光，倩倩过得很开心。她心想：忘记一切去玩的感觉，真的是太好了。

晚上回到家，倩倩洗完手就开始写游记了，没有了以往写作文时的拖拖拉拉，倩倩写得很流畅，不到半个小时，500字的游记就搞定了。接着，倩倩又投入地去做其他作业。原先要用几个小时完成的作业，倩倩只花了一个小时就做完了。

看着写好的作业，倩倩心里美滋滋的，心想：今天终于可以去看会儿电视啦。

看到倩倩悠然自得地握着遥控器看电视，妈妈从厨房好奇地探出头来，问道："倩倩，今天不用做作业吗？"

"早做完啦！"倩倩自豪地回答。

"明天是星期天，我带你去吃好吃的，庆祝你今天不是'作业拖拉鬼'。"爸爸笑着说。

"我才不是什么'拖拉鬼'呢。"听说有好吃的，倩倩心里直痒痒。

原本，爸爸以为倩倩只是偶然一次及时将作业完成，可随着时间的推移，爸爸发现倩倩完全能按时完成作业了："说说吧，你做作业的速度怎么突然变快了？有什么秘诀，和老爸分享下。"

说起这个来，倩倩还真是有点心得呢。

流畅
美滋滋
效率

　　"很简单。首先就是不再害怕了。以前，一提到作业我就头大，还没开始做，就想着这么多的作业，什么时候才能做完，被作业吓倒了，做起来就缩手缩脚的，脑子也不灵了。可是，自从听了方老师的话，我发现，只要不害怕，不去多想那些影响作业完成效率的烦心事，再多的作业也没什么好怕的。再就是不能埋怨。以前一有作业就埋怨老师，于是，时间都花在埋怨老师上了，作业自然就写得慢了。"

　　"好嘛，说得头头是道！"爸爸不禁笑逐颜开，"你讲得很好，把你的这些想法写下来，和你的同学分享一下。对了，这不算我给你加作业吧？"

　　"哈哈，没问题，就算是加作业，我也不怕了。"

刷刷姐姐有话说

集中注意力才能提高做作业的效率

很多女生都在为作业太多而叫苦。难道真的是老师布置的作业太多了吗？事实上，"作业太多"的问题很多时候不是因为作业真的多了，而是我们做作业的方法出了问题，做作业的效率太低。

如何提高做作业的效率呢？方法很多，集中注意力是其中重要的一点，合理安排时间、端正学习态度也是值得注意的方面。

然而，很多时候，我们不能集中注意力。往往只有当注意力分散，导致不能按时完成作业甚至发生错误的时候，我们才意识到问题的严重性。

知道为什么会注意力不集中，就容易对症下药了。注意力不集中的原因主要分内因和外因两类：外部因素有噪声、坐着不舒服的椅子、高度不合适的桌子和不合适的灯光等。内部因素也有很多，如饿了、累了、病了，自己管不住自己，有阅读困难症……如果是受到外因的影响，可以通过选择合适的环境来克服困难；如果是自己的原因，则需要通过增强意志力或自我放松来解决。

比方说，身体健康对注意力能否集中起到很关键的作用。我们需要充足的营养、充分的休息来保证注意力的集中，尤其需要健康的饮食。学习前不要吃太饱，"一饱百不思"，且会让自己感到困乏。选择你喜欢的体育运动是个好办法，适量运动有助于提高注意力。

同时，有规律的休息对恢复注意力和记忆力也很重要。不要养成在床上学习的习惯，大脑会搞不清楚什么时候该放松、什么时候该学习。

再如，养成在固定时间、固定地点专心学习的好习惯。

如果可能，在进入学习状态前做一些准备动作，比如摆个姿势，做个深呼吸。就好像在运动前做准备活动一样，给身体一个提示，让头脑做好准备，避免在学习时还在想其他事情。在学习前，花几分钟平定思绪，积极去做，相信自己可以克服一切困难。

休息的时候可以走一走，做做伸展运动，深呼吸几次，让大脑得到充足的氧气，有助于缓解疲乏，在接下来的学习中保持良好状态。

不要对自己说"要专心"。如果你在想"要专心"，注意力就没有完全放在要做的事情上。也不要强迫自己不去想别的事情，否则脑子被占据了，就无法集中注意力。告诉自己"回到这里来"，让其他的事情自然而然从脑海中消失。每天把这句话重复几次，你会发现，一段时间后就越来越能集中注意力了。

对于学生来说，做作业是一项

必不可少的任务，是提高学习成绩的必要手段，及时、认真、准确、规范地独立完成作业，能为取得良好的学习成绩打下基础。

我们都知道，做作业是运用所学的知识解决问题，促进知识消化的一种手段。通过做作业可以检查学习效果，强化对知识的理解，真正把知识点消化吸收，是取得良好成绩的保障。所以，每个学生都应该认真对待每天的作业。

你一定会问刷刷姐姐："我也是很认真地在做作业呀，怎么成绩就是提不上去呢？"

虽然，大多数人都能完成作业，可是，完成作业的态度和质量是有差别的，这也就决定了做作业的效果不同。

首先，今日事，今日毕，作业要当天完成。

老师布置的作业一般都和当天讲的知识紧密联系。趁着对刚讲过的内容印象比较深，做起作业来既省时又省力，还不容易出错。

其次，作业要独立完成，要有迎难而上的精神。

一般情况下，老师布置的作业，是阶段学习应该掌握的知识。如果做对了，说明知识点已经掌握，否则，说明掌握得不好。由此，就可以有针对性地复习，提高学习效率。对于一些题，如果经过思考仍解答不出来，可以向老师或者同学请教，但之后还要仔细思考，反复演算，做到真正弄懂为止。千万不要不懂装懂，一知半解，更不要抄别人的作业。那样做是自欺欺人，搬起石头砸自己的脚。

再次，作业要完成得准确、规范。

很多人都会说："这道题不知道该如何下手。""这道题我明明思路是对的，为什么总是做不对呢？"或是"这道题明明答案是对的，为什么还是被扣分了？"

原因有三个：一是书写不规范；二是计算能力差，正确率太低；三是条理不清晰，思路混乱。因此，厘清做题思路、提高作业的正确率与规范书写是非常重要的。

最后，要及时纠错。

作业中的错误都是学习上的漏洞，如不及时修复，日积月累，漏洞就补不胜补。所以，作业一发下来，就应及时检查，看哪道题出错了，错在什么地方，一定要及时纠正，做到"不被同一块石头绊倒两次"。

女生小攻略

作业不拖拉的秘诀

学习就像登山，只有脚踏实地、一步一个脚印才能到达山顶。所以，要想取得好的学习成绩，必须踏踏实实地完成每一天的作业。

那么，怎么才能克服惰性，按时完成作业呢？

1. 从今天、从现在做起

不论明天是个多特别的日子，不论今天有多累，要是真的想改进自己，就马上列个事情明细单，定好时间，按顺序做下去。这样一来，自己还可以享受完成计划后的轻松心情。

2. 制订一个能完成的学习计划

在学习之余，还要制订一个近期学习计划。按计划完成作业，能为自己带来信心和愉悦感。

有了学习计划，一定要进行自我监督与他人监督。把自己的计划告诉别人，让自己产生压力，自尊心会成为你的督察官，起到敦促作用。最重要的是坚持。过一段时间后，如果能克服惰性而形成好习惯，自己也会感到精神振奋。

3. 分清事情的轻重缓急，合理安排时间

不要避重就轻。事情肯定会有轻重缓急，先集中时间把最重要的完成，不重要的则往后排。同时，利用好零散的时间，在不知不觉中完成烦琐的杂务。

警惕白日梦

对所学知识进行思考消化，不仅能让自己远离白日梦，而且有利于把握知识点，提高学习效率，让学习变得有趣、轻松。

有一天，果果正走在上学的路上，突然，眼前出现了一双漂亮的红舞鞋，镶着钻石，闪闪发光。果果忍不住把鞋捡起来，马上就穿上。

哈，你猜怎么着？鞋的大小刚刚好，简直就是为果果定做的。穿上舞鞋，果果情不自禁地跳起舞来。突然，身上的校服变成了美丽的蕾丝裙子，讨厌的"妹妹头"也一下子变成了精致的发髻。原来这是一双有魔力的舞鞋呀。

果果变成了美丽的公主，这个时候，豪华车队出现在果果面前，迎上前来的是忠实的仆人。他弯腰向果果施礼，请果果坐上漂亮的马车……

"果果，你在干什

么，又在做白日梦吧？"老师的一声提醒，让果果清醒了过来。

不知道怎么回事，果果一上课思想就开小差。被老师这么一批评，果果虽然羞得两颊绯红，但还是会不由自主地回忆起刚才的美梦。

今年上六年级的果果是个乖女孩，在家很听爸爸妈妈的话，文静有礼貌，所以，她一直是爸爸妈妈的骄傲。

爸爸非常疼爱她，每天晚上睡觉前都要给她讲故事，从幼儿园到小学一直没中断过。

所讲的故事中，果果最喜欢的就是有关公主的故事。只要一想到公主，果果的思绪就不由得飞出脑子，飞出教室，飞出学校，飞出城市……一直飞

到一个神秘的美丽国度。

那里往往是人迹罕至的世外桃源，有茂密的森林、绿绿的草地，有潺潺的小溪，有可爱的小动物。白日梦会带着果果来到一个隐秘的入口。入口就是隐藏在长长的树藤后的山洞，穿过山洞，是一个五彩缤纷的世界。果果就是这个世界里的公主，可以穿最漂亮的裙子，吃最精美的蛋糕，简直是随心所欲。果果可以在这个梦幻世界中无忧无虑地唱歌、舞蹈，忘记所有现实世界的烦恼。

最近，果果总陶醉在自己的白日梦里，连坐公交车的时间都不会放过。有一次，果果望着窗外发呆，在幻想世界里流连忘返，竟然忘了下车，一直坐到了终

点站，等车上的人都下完了她才恍然大悟。结果，上学迟到，被老师狠狠批评了一顿。

果果常常会幻想某扇门的后面藏着一个秘密通道，然后自己穿越时空，来到一个神奇的世界。那里没有林立的高楼大厦，没有穿梭不停的汽车，天空总是格外的蓝，河水也是格外的清澈。果果幻想自己在能望见水底的石头和水草的小河里洗头。晚上，会有篝火晚会，果果是人群中最美丽的女孩，她的长发随着舞姿飞扬，火光照亮了她的脸庞……

"果果，让你换件衣服怎么这么长时间呀？"

唉，每一次美梦被人打断，果果都很痛苦，现实总是让她感到非常失落，瞧，妈妈又要拉着她去学古筝了。

"妈妈，我不想学古筝了。"

"什么，不学了？那这两年的工夫不是白费了啊，做事可不能半途而废。"妈妈对果果的话感到

很意外。

　　"我真的不想学了，我不喜欢古筝，我想当作家。"

　　"什么，作家？你怎么会有这么奇怪的想法？"

　　"我想把自己想到的都写下来，我感觉脑子里有很多有趣的故事和奇妙的场景，总想把它们都写出来。"

　　"果果，你喜欢看书，喜欢写作，都没错，可是，你整天胡思乱想，那怎么能行呢？做任何事都要坚持，你已经有不错的弹古筝的基础了，现在放弃，将来再想捡起来就不容易了。"

　　"妈妈，我不是胡思乱想，我只是……"为什么在别人看

来，自己脑子里的东西都是胡思乱想呢？果果委屈得都要哭了。

但果果从小就是乖孩子，最终她还是跟着妈妈去学古筝了。可是，果果的思绪还是老往外飞，她没有办法控制自己。

爱做白日梦，让果果的成绩开始直线下滑。

这天，老师终于找果果的爸爸谈话了，说果果在课堂上总是开小差。

白日梦影响了听课，果果也开始反省。可果果还是会做白日梦。最可怕的是，在以前，果果总会觉得白日梦很美，现在呢，每次回过神来，果果都在想：怎么总是走神呢？

为了让果果克服白日梦的侵扰，爸爸在网上找了好久，终于找到一个好办法。爸爸网购了一个可

爱的小闹钟，设置好，每隔一段时间振动一下。爸爸希望这个闹钟可以把果果游走的思绪给拉回来。

这个办法还真有效，每次果果的思绪还没跑远，就被小闹钟的声响拉回来了。

在学校，老师还给果果定了一项任务：每天要上交课堂笔记和课堂作业给老师检查。这样一来，老师讲课的时候，果果不但要认真听，还要集中精神记笔记。当果果开始集中注意力了，开小差的次数就减少了。

　　在大家的帮助下，果果的确很少再去白日梦里的王国遨游了，而且，妈妈虽然没有同意果果放弃学古筝的想法，但她给果果准备了一个笔记本，让果果把那些美梦中的场景都记录下来，希望有一天她能美梦成真，真的变成作家。

刷刷姐姐
有话说

别让白日梦扰乱你的心

每个人都有梦想，未来的样子总是在心里不断地出现。但要是不断地妄想，梦想就会演变成白日梦，就会打乱我们的学习计划。

有些学习成绩不理想的女生，存在一个共同的缺点——爱做白日梦。上课时思想容易开小差，阅读时不专心，做习题时精力不集中，对什么事都漫不经心、懒懒散散、粗心大意，成绩受到很大影响。那么，女生到底该怎样做才能远离白日梦，

不让它扰乱自己的心呢？

首先，要对自己不断强化听讲和做作业这两件事的重要性。如"这堂课的内容很重要，注意听！"又如"这本书很有帮助！我要好好读。""独立完成作业是件多么愉快的事呀！我要出色地完成它。"

第二，要有意识地控制自己。当发现自己开小差时，要立刻调整过来，用意志力控制自己。开始可能会有点困难，一旦养成习惯，白日梦就不能影响自己了。

第三，养成注意重点的习惯。不管是听课、做作业，还是做别的事情，都要综合分析和比较，通过思考明确所学内容的重点和难点。对所学知识进行认真思考，不仅能让自己远离白日梦，而且有利于把握知识点，提高学习效率，让学习变得有趣和轻松。

为什么女生会不由自主地做白日梦呢？

其实，这与女生的成长是分不开的。进入青春期，女生的自我意识开始萌发，对自己的一切产生了浓厚的兴趣，会经常思考"我到底是怎样的一个人""我有什么优缺点"，或想象自己以后要成为怎样的人和拥有什么样的生活等。

同时，女生对涉及男生的信息也会十分敏感，对与男生的交往或接触的种种情况充满好奇，希望自己成为一个受到大家关注、喜欢的人。各种各样的问题和人物会出现在女生的白日梦中。

心理学家发现，经常做白日梦，尤其是沉迷其中，就可能丧失自我控制能力，用一种虚幻的景象满足自己。这也可能使女生脱离实际、浪费青春、耽误学业，从而消磨进取心。

刷刷姐姐认识很多女生，她们原本读书很认真，成绩也很优秀，但是，之后因为分心，成绩就开始掉队。

和她们谈心的时候，刷刷姐姐发现，做白日梦是她们分心的重要原因之一。从白日梦中回到现实的时候，她们常常会感到空虚和失落。加上耽误了功课，成绩下降使得她们感到惊慌、自责、羞愧、悔恨，为之后的学习和生活增加了压力和阻碍，变得越来越依靠白日梦来自我安慰和自我欺骗，结果造成恶性循环。

正确看待白日梦，就是从正面去理解自己内心的想法，将这种想法化为前进的动力，激励自己朝着心中的目标前

进。比如，有的女生梦想着成为万众瞩目的焦点，单单只是想，就是空想，不仅无助于实现梦想，反而会让自己离梦想越来越远。反之，如果能落实到实际行动，如从现在开始，努力学习，充实自己，读名人传记，学习他们身上的闪光点等。每天前进一小步，就会离自己心中的梦想越来越近，才可能实现自己的梦想。

女生小攻略

远离白日梦

白日梦会影响女生的学习，如果你也常常陷入白日梦而无法自拔，一定要及时做出调整。

1. 不要在过度疲劳的状态下学习

白日梦的经常出现是过度疲劳的标志之一。就像琴弦绷得过紧会断一样，人在学习的过程中，如果过于疲劳，大脑就会不由自主地走神，强迫你放松和休息，这是一种身体自我保护的本能，不受意志支配。

当我们走神的时候，头脑中被压抑的情绪就被激活，成为白日梦的最佳材料。在这种情况下，你最需要做的，就是调整状态，让身体得到合理的休息和放松，这不仅是解决白日梦问题所必要的，更是调整整个学习状态和提高学习效率所必要的。

在疲劳状态下学习，只能落得事倍功半的下场。放松缓解之后，你会渐渐感觉到注意力开始集中，效率也提高了。

比如：长时间坐着学习会造成呼吸不畅，影响大脑供氧，从而使大脑中的信息传递受阻，注意力下降，导致分神和产生厌烦情绪。这时候用意志来强制自己继续学习，学习的效果是不明显的，真正有效的做法是通过放松来进行调整。

2. 一次只想且只做一件事，集中注意力

注意力不集中当然容易走神，如果某个时候你的情绪非常强烈，白日梦也会在你学习时冒出来占据头脑，这时候调控情绪是最重要的。无论是注意力不集中还是情绪问题引起的白日梦，尝试使用以下办法：闭上眼睛，做个深呼吸，想着眼下要做的事情该如何进行，让注意力集中到所要做的事情上。

其次，要懂得把学习和生活、娱乐、休息分开。很多女生因为注意力不集中，或在学习时想着电视剧中动人的片段，或在休息时想着故事书中精彩的情节，导致头脑时不时被白日梦占据，大脑得不到充分休息和调整，从而影响自己学习时的状态，使得自己的学习成绩不仅得不到提升，反而会倒退。这时，就需要学着把事情分开，一次只想且只做一件事，集中注意力，这样不仅可以提高做事的效率，而且可以有效遏制白日梦的产生。

3. 调节好睡眠，睡前要放松

这一点往往被大多数人所忽略。许多女生喜欢入睡前躺在床上把当天的学习内容回忆一遍，也就是人们常说的"过电影"，这样做可以起到温习的作用，对加强记忆有好处。但是，如果在睡前过度思考学习的内容，带着紧张和焦虑的情绪入睡，容易导致入睡困难，影响睡眠质量。

要保证睡眠质量，睡前就得把学习暂时放下。放松自己可供选择的方式有很多，如听音乐、做深呼吸等。放松之后，以愉快的心情享受睡眠，不带任何烦恼、紧张情绪入睡。

保证了睡眠质量，在学习或做其他事时，大脑可保持一个清醒状态，白日梦就会离我们远去啦。

考试焦虑我不怕

5

克服考试焦虑，是每个成功女生都需要拥有的能力。人的一生要经历大大小小很多考试，只有保持一个稳定的心态，才能轻松迎战。

　　临近期末，看不见的硝烟开始弥漫在教室里。有的人踌躇满志，有的人却忐忑不安，手足无措。

　　雪莹平时成绩不错，可一到考试就紧张，白天焦虑不安，晚上严重失眠。她一上考场就手脚发抖，心跳加速，大脑一片空白，结果每次都考砸。

　　这次，雪莹也一样心情紧张。随着考试临近，雪莹已经能闻到教室里的火药味了。课堂上，老师正在给大家总结重点和难点，雪莹很想把这些都记住。要知道，期末考试前的几次课，往往是非常重要的，因为老师通常会总结这学期的学习重点，这

几堂课一定不能马虎。但是，一想到这些，雪莹就不知不觉地麻木起来，想到的全是前几回考场上的狼狈样和妈妈拿着试卷失望的表情……

"丁零零——"下课铃响了，雪莹一下子缓过神来，但老师已经宣布下课了，雪莹一脸懊悔，重重地合上课本。

晚上，雪莹一直复习到深夜。

妈妈看她很晚了还没有睡，就推开她的房门，问道："雪莹，你还没有睡啊？"

雪莹头也不抬地说："快考试了。"

妈妈一边把牛奶放到桌上，一边说："趁热把牛奶喝了，早点睡吧。一定要休息好，前段时间开家长会的时候，你们班主任跟我说，你平时学习很刻苦，

踌躇满志
紧张
翻来覆去

就是考试发挥不好，这次你要好好调整心态，发挥出自己应有的实力来。"

雪莹本来就很紧张，听妈妈这么说，更加紧张了。

"好了好了，我知道了，您先去睡吧。"

把妈妈支走后，雪莹就准备睡觉了。可是，不知是怎么回事，她翻来覆去就是睡不着。楼上的脚步声、隔壁的猫叫声，甚至客厅里冰箱的噪声都格外的清晰。雪莹的眼睛越睁越大，瞪着黑漆漆的天花板。

突然，她感觉自己肚子有点痛，就去了趟厕所，回来以后她想：这下该好好睡了吧，没想到，刚刚过了五分钟，肚子又痛了……

整整折腾了一晚上，到天亮的时候，雪莹已经筋疲力尽了。

雪莹只好让妈妈打电话向张老师请假。

休息了一上午，雪莹感觉好多了，下午就坚持去学校了。

张老师见雪莹来了，就把她叫到了自己的办公室。

"雪莹，我发现你最近有点不一样，是不是快考试了，很紧张啊？"张老师关切地问。

雪莹只好无助地点点头："我也不知道怎么回事，一到考试就紧张，身体也不舒服。"

张老师笑了一下，说："没关系，其实很多人都会紧张，我带你去找一位老师，你和她好好聊聊，也许她会帮到你呢。"

雪莹疑惑地跟着张老师来到了学校的心理咨询室。

心理咨询室的李老师和雪莹谈了整整一个下午，她告诉雪莹："你不是真的闹肚子，而是压力太大了。如果总是分散精力去想考试的结果，当然不能专注于考前复习。这样恶性循环下去，到了考试的时候，一定会出问题的。"

李老师和雪莹一起制订了详细的复习计划，让

雪莹树立自信，合理安排时间，按着复习计划上的进度一步步完成复习任务。此外，李老师还鼓励雪莹多参加体育锻炼，增强体质。

　　走出心理咨询室，雪莹感觉轻松了许多，心情也平静了不少。

　　接下来的时间里，雪莹再也没有想考试的结果，而是专心地复习，第一场考下来，她心情不错，感觉又自信了不少呢。

正确认识考试焦虑

考试焦虑一般出现在临考前和考试过程中。

临考前存在焦虑感是最常见的。害怕因学习不扎实而辜负家长、老师的期望，因而一会儿担心在优势科目上发挥失常，一会儿又担心在劣势科目上失分过多。以前考试失败的阴影还没有从心里抹去，从而加深了对将来考试失利的担忧。

对考试焦虑的女生会整日焦躁不安，闷闷不乐，吃不好、睡不香，精神恍惚、噩梦连连，注意力难以集中，记忆力也明显下降。她们进入考场后如临大敌，总以为监考老师在注视着自己，其他考生时刻在提防着自己。随之而来的是心跳加快，手足出汗，特别是拿到试卷后的五到十分钟，这种焦虑感会达到高峰。

考试中，这些女生往往思维受阻，大脑一片空白，记忆力明显受到抑制，平时熟记的公式、定理等都想不起来。严重的还会心烦意乱，如坐针毡。尽管她们也极力想保持镇静，却又难以自控，甚至还会出现晕倒或者休克的情况。

为什么有的女生容易出现考试焦虑呢？其实这与她们的学习能力、复习准备情况、临场经验、个性特点和意志品质等都有关系。

有的女生是因为平时知识掌握不牢，心中没底，才会出现考试焦虑。平时成绩过得去不等于考试没问题，因为考试要求在规定的时间里完成一定量的题目，没有扎实的基础及较快的解题速度是完不成的。

有的女生是压力太大而出现考试焦虑。她们承受来自外界的压力过大，把每场考试都看作生死攸关的大事。她们对考试期望过高，给自己造成很大的精神压力。同时，又导致精力分散，使自己不能专注于考前复习。

有的女生是大脑过度疲劳造成的考试焦虑。她们在迎考阶段夜以继日地学习，长期睡眠不足，大脑疲惫不堪。考试时头脑发胀，思维、记忆受到负面影响。

还有的女生是形成了失败定式，一到考试就焦虑不安。她们对以往考试成绩不理想耿耿于怀，总担心这次也考不好。这种担心大大削弱了自身能力，导致自己不能有效地复习，心里更加不踏实。

另外，自我调控能力差，缺乏情绪控制的能力等，也会带来考前焦虑，遇到一些异常情况就会很紧张。

女生小攻略

考试焦虑自救术

通过一些调适措施可以避免考试焦虑的出现。

1. 做好心理预防

可以适度降低对自己的要求，因为功夫在平时，考试时水平是基本确定的，忧心忡忡只是自寻烦恼，百害而无一利。一切顺其自然，平常心对待也许会收到意想不到的效果。

女生还要培养良好的心理素质，克服过分激动、焦躁不安等负面情绪，提高自我控制能力。考前要保证充足的睡眠，防止大脑因活动过度而疲惫。记住：复习越是紧张，越要保证充足睡眠。此外，还可通过适度的体育锻炼来消除疲劳。

考前要适当放松，通过翻阅以前的笔记、书本或试卷来达到"温故"的目的。一般不宜再强记那些记起来吃力的内容，不宜再钻那些尚未明白的知识点，特别是那些偏、怪、难的题目，在考前两天应与它们绝缘。这样才能保持清醒的头脑，为迎接考试做好准备。当然，条件允许的话，可尽快向老师或同学询问自己不明白的知识点，以减轻焦虑感。

2. 进行必要的调节

焦虑过度的女生常常会胡思乱想，不自觉地就扰乱了自己的正常心态。这时候，女生要从不良联想中

走出来，走出过度焦虑的困境。

首先，可以通过模拟考试的办法为自己热身，使自己尽快进入考试状态并适应。

其次，在考前可适时地听听音乐或参加体育活动，放松自己紧绷的神经。特别是对于那些性格内向、心理脆弱的女生，可以适当放大自己的优点，树立自信。必要时，也可以给自己一点"精神安慰"，使自己始终保持自信的心态。

3. 临场自救术

考试中，一旦出现心跳加速、双眼模糊、大脑空白、注意力无法集中等现象，可以进行自我暗示，如"我能行""我难，别人也难"，让自己尽快从焦虑状态中解脱出来。

另外，还可以运用一些适合自己的放松方法，如深呼吸、闭目养神等，缓解自己的焦虑感。

6 和偏科说"再见"

偏科其实并不可怕，关键在于要正确看待，树立自信心。只要方法得当，劣势也能变成优势。

从小学一年级到六年级，琪琪一直是班里的尖子生，也是爸爸妈妈的骄傲。

但是，到了初二，琪琪的成绩开始直线下滑，这让爸爸妈妈大吃一惊。

原来，让琪琪成绩下滑的罪魁祸首就是物理。这次，琪琪的物理成绩惨不忍睹，仅仅考了 18 分。

"会不会是老师弄错了？这个分数倒过来还差不多。"妈妈仔细检查着试卷，不相信这会是琪琪的成绩。

"好啦，够丢人的啦，您别再说我了。"琪琪急得都要哭了。

"可是，怎么会只考这么点分数呢？"

"我也不知道，反正一看到物理我就头大。"

从考试一开始琪琪就预感到自己会考得非常糟

糕。不过，18 分的成绩确实也吓了琪琪一跳。

物理刚开课的时候，琪琪还是信心满满的，心想：自己的理科虽然不如文科那么好，但是数学成绩一直不错，而且听很多学长、学姐说，物理学科的基础是数学，数学好了，物理也差不到哪去的。

可是，仅仅上了两周物理课，琪琪就已经跟不上老师的节奏了，每次上课的时候，她都听得一头雾水，什么"平均速度""加速度"啊，越听越糊涂。

不行，这样下去成绩会很危险！

琪琪不断告诫自己，上课一定要认真听，不要开小差。

但是，过不了几分钟，琪琪不自觉地就瞌睡了。她挣扎着和瞌睡虫做斗争，强撑着不让眼皮落下。但老师的声音似乎越来越远……

"不能这样，老师的话一定要记下的！琪琪，你不能睡，琪琪，快清醒过来……"琪琪在心里呐喊。

等到快下课的时候，琪琪突然清醒过来，发现自己刚才又睡过去了。她心里的那个悔恨啊，就像潮水一般涌了上来。

为什么会这样啊？

琪琪总结了很多原因，最关键的一条——物理老师讲课没有吸引力。

物理老师年纪较大，头发花白，身材矮胖，戴一副花边眼镜。他说话语速很慢，一个字一个字地往外蹦，声音很小，语调平淡。琪琪觉得他简直就是在唱催眠曲嘛，听着让人直想打瞌睡。

"妈妈，我想换老师，物理老师讲课一点激情都没有，听得我都睡着了。再这样下去，物理成绩怎么可能好嘛！"琪琪总算找到理由了。

"什么，换老师？这哪里是我能解决的？"妈妈一听，很吃惊。

"那我也没办法了，反正我一上物理课就瞌睡。"

"妈妈是送你上学去的，不是送你睡觉去的，你自己想办法克服吧。"

本来琪琪只是说了一句玩笑话，没想到竟然成了真。

期中考试结束后，物理老师退休了。新来的物理老师姓夏，大学刚毕业，英气逼人。

这下，琪琪没有理由在物理课上打瞌睡了吧。

没错，一开始琪琪听得很认真，真的不打瞌睡了。不过，琪琪又开始发呆了，看着新来的物理老师发呆……

糟糕，这一节课下来，老师讲了什么，琪琪又没听进去。本来琪琪的物理底子就差，旧的知识没消化，新的知识又含含糊糊的，物理就成了一锅糨糊。

很快，琪琪等几个物理"困难户"就引起了夏老师的注意，夏老师刻意在课堂上向他们提问，以此来吸引他们的注意力。这让琪琪又喜又怕，喜的是夏老师很在乎他们，怕的是提问的时候回答不上来，没面子。

有一天，琪琪在发下来的物理作业中发现了一

段特殊的评语，评语是夏老
师用红笔写在后面的：

"你已经在语文的世界
里畅游得十分欢快，如果加
上物理的翅膀，相信你会更
进一步，飞向蓝天。"

这段评语让琪琪思考了很久，她心想：夏老师
说得没错，如果不补上物理，自己就可能飞得不
够高。

琪琪约了班里的物理"困难户"，主动向夏老
师提出要补课。

夏老师微笑着说："早就等你们来了。物理才
学不久，现在补还来得及，也不会给你们很大的负
担。如果不把以前没弄懂的知识补上，后面会越来
越困难的。"

"我们一定好好努力！"琪琪带头表态。

　　从那天起，每天放学后，琪琪他们都要多补习一个小时的物理。这一个小时是快乐的，因为他们是和最喜欢的夏老师在一起，为自己飞上蓝天的那一刻而努力。

　　课堂上，夏老师也会把简单的问题特意留给琪琪他们，让他们树立自信。而琪琪他们回报夏老师的，就是逐渐提高的物理成绩。

刷刷姐姐
有话说

偏科不可怕

偏科是学习过程中普遍存在的现象，让大家无比烦忧。补课、强化做题等方法用尽，依然成效甚微。

为什么会偏科呢？实际上，每个人的个性不同，学习方法不同，产生偏科的原因各不相同。

女生偏科的原因很多，尤其是进入青春期后，女生特定的心理、生理变化以及课程任务的加重，家长、老师、媒体和书籍的影响等，都会使女生对某一学科产生偏好或厌倦的心理，进而逐渐形成偏科现象。

也许你从小就喜欢阅读，语言能力较强，加上平时的写作训练，对语文情有独钟；也许你头脑反应迅速，对理科问题解决起来轻松自如，对需要大量背诵、书写的文科则感到枯燥无味；你甚至会因为不喜欢某一科目的任课老师，而影响到自己的听课态度，然后反映到该科目的学习成绩上来。

女生一旦偏科，如果得不到正确的帮助和引导，成绩无法提高，往往容易产生对这一学科的抵触心理，陷入恶性循环中。

其实，偏科并不可怕，关键在于要正确看待偏科，树立自信心。

首先，正视偏科问题，立志去改善它。如果自己在个

别科目上存在不足，要善于及时总结，不要让问题越积越多。作业马马虎虎、敷衍了事往往就是偏科的初始表现。

其次，认清偏科的危害。女生可以告诉自己：偏科是暂时性的，并不可怕，怕的是失去了学习这门科目的兴趣和信心。

最后，要想办法让自己在弱势科目上有所进步，如课堂上积极发言，勤做笔记等。还可以主动去接触弱势学科，加强对弱势学科的学习，从其他相关的学科中找出突破点是个好办法，有助于带动弱势学科成绩的提高。

女生小攻略

把劣势科目变成优势科目

女生一旦出现偏科现象，一定要端正态度，摆好心态，做好长期应战的准备。

首先，要确定自己是真偏科还是假偏科。

如果喜欢的科目学得很好，讨厌的科目完全没兴趣，这是通常所说的偏科，也就是真偏科；如果因为不喜欢任课老师等外界原因而出现偏科，这是假偏科。

假偏科的女生，需要把心思集中到科目学习本身上来，排除外界因素的干扰。

针对真偏科现象，要制订长期学习计划，通过不断努力，最终将劣势科目转变为自己的优势科目。

具体要怎么做呢？

1. 寻找兴趣和树立自信心

你是不是一直在喊着自己"天赋较差""从小不感兴趣""基础不好""讨厌背诵和记忆而不愿学文科"？要知道，这样说是不对的。

其实，每个人的成功或能力都是经过努力得到的。要善于及时分析失败或偏科的原因，发现并肯定自己取得的每一点进步，多多鼓励和表扬自己，在学习中不断寻找兴趣和树立自信心。

2. 笨鸟先飞

从基础做起，脚踏实地，一点一滴地学习，是每个人都要牢记的要点。知识就是通过量的不断累积，最终达到融会贯通的。

例如，坚持预习，在预习中就可以了解课堂学习的内容，搜集自己的疑问点，为课堂听讲做准备。这样，在课堂上就能跟着老师的思路走，有目的地去听讲，从而将知识点有效掌握、巩固和归纳。

3. 循环记忆

在日常学习中，要养成循环记忆的好习惯。例如，每周花半个小时的时间，制订一个学习计划，坚持下去，不但能够提高记忆力，而且能够帮助自己树立学习的自信心和兴趣。

4. 保持优势

在攻克劣势科目的时候，一定要注意优势科目的学习。也就是说，在日常的学习中仍然要给予优势科目一定的时间，防止顾此失彼，这样最终才能取得理想的成绩。

7 用好的记忆方法进阶

人的记忆力到底有多强，大脑能装下多少东西呢？

"山巅一寺一壶酒，尔乐苦煞吾，……"

"姗姗，你干什么呢，念经啊？"

"一边儿去！什么念经，人家在背圆周率呢！"

听姗姗这么说，同桌晓晓更纳闷了，说："不会吧，你这是什么圆周率啊，我可是一点都没听出来呢。"

"嘿嘿，这你就不懂了吧，我用的是谐音记忆法，你仔细听听，看看是不是数字的谐音。'山巅一寺一壶酒'就是3.14159。"姗姗满脸得意地说。

"你这方法倒是挺有意思的，怎么琢磨出来的啊？"

"嘻嘻，当然不是我的原创了。"

"那是谁教的？快告诉我啊。"

"叫声姐姐，我就告诉你。"虽然姗姗比晓晓晚出生一天，但是却比晓晓个头高，所以她俩一直都争着当姐姐呢。

"快说，讨打呢你！"晓晓的拳头刚举起来，姗姗就服了软，赶紧说出了原委。

原来，周末的时候，听说少年宫有一个记忆力自主训练讲座，姗姗的妈妈就带她过去了。本来姗姗是不想去的，因为她觉得讲座一定特别枯燥。要知道，姗姗可是最怕记东西的。每次英语老师检查背课文，她都是最头疼的。为了蒙混过关，她都是

找晓晓帮忙，让她在老师检查背诵的时候悄悄提示自己。

可是，讲座一开始，老师并没有给大家一大段东西背，而是讲了一个故事：一位教授正在大厅里演讲，听众正听得入神，突然闯进一个蒙面人。这个蒙面人在大厅门口用棍子狠敲了门框三下，叫嚣了几声，然后夺门而出。大厅里的听众乱成一团，不知所措。

这位教授要求听众回答下列问题作为证词，以便向警察局报案。这几个问题是：这个蒙面人进来后敲了几下门框？这个蒙面人说了几句话？这个蒙面人的身高、体形、衣着是怎样的？这个蒙面人在厅内停留了多长时间？结果，听众对这几个问题的回答是不一样的。

为什么听众的回答不一样？是因为人们使用的是无意识记忆。人们对这突如其来的事件事先没有一点准备，在整个过程中，没有注意事件的细节，这样事后要求人们回忆，当然就会与事实有出入。如果事先告诉大家将有一个实验，并要求大家记住什么，那么，故事中的几个问题听众都能答得很好。这个故事告诉我们：有意识记忆优于无意识记忆，识记时首先要有明确的目的和任务。

哈哈，原来记忆还有这么多的奥秘啊，姗姗一听，马上来了兴致。接着，老师拿出几张卡片，卡片上写了不同的数字。老师要求在他念卡片上的数字时，大家按照与他念的顺序相反的顺序背诵出来，比如，老师念5879，大

谐音
秘籍
自信满满

家就说出 9785，谁记住了就站起来说，要快而准确。

姗姗目不转睛地盯着老师手里的卡片，没等老师念完就记住了数字，而且第一个站起来念出了数字。老师很高兴，给姗姗奖励了一本训练记忆力的书。之后，老师还给大家讲了很多记忆方法，比如联想记忆法、谐音记忆法等。

"姗姗，快把你那本训练记忆力的书给我看看吧！"晓晓迫不及待地说。

"那可不行，那是我的秘籍呢。"

"让我看一下嘛，就一下，我叫你'姐姐'还不行吗？"

"哈哈，好吧，给你。"姗姗可是第一次听晓晓叫自己姐姐，立马就把书递了过去。

很快，晓晓就发现，原来记忆有许多奥秘，以前总觉得记东西很困难，现在知道了，只要掌握了技巧，记东西能变得又快又准。

"姗姗，我们来比赛记忆吧，看谁的记忆力强！"把书还给姗姗后，晓晓发出了挑战。

"好啊，我接受你的挑战！"姗姗自信满满地说。

从这以后，晓晓和姗姗每天都要比赛，比谁记的单词多，比谁背的课文多，比谁记的公式多……

两个人谁也不服输，结果记得东西越来越多，学习成绩也像坐上了直升机，一下子向上升了很多。

期末考试，晓晓和姗姗双双得了全优。看着大家羡慕的目光，晓晓和姗姗会心地笑着。这可全是神奇记忆方法与努力的功劳！

刷刷姐姐
有话说

了解并提高记忆力

　　根据记忆内容的变
化，记忆的类型有：形
象记忆型、抽象记忆
型、情绪记忆型和动作
记忆型。

　　形象记忆型是以事物的具体形象为主要记忆类型。如
记住一个人的长相，脑海中自然就会浮现出这个人的样子。

　　抽象记忆型也叫词语逻辑记忆型。它是以文字、概念、
逻辑关系为主要对象的抽象化的记忆类型，如"哲学""市
场经济""自由主义"等词语，整段整篇的理论性文章和一

些学科的定义、公式，等等。

情绪记忆型，情绪、情感是指客观事物是否符合人的需要而产生的感受。这种感受是深刻的、自发的，所以可以深刻地保持在大脑中。

动作记忆型，即动作记忆是以各种动作、姿势、习惯和技能为主的记忆。动作记忆是培养各种技能的基础。

既然大脑这么强大，那我们为什么总是觉得记东西难呢？

原因有很多，比如身体困乏、精神不佳等，都会影响记忆的效果。不同人的记忆力不同，同一人在不同年龄段的记忆力也不同。

但是，在日常学习和生活中，我们每个人都是可以通过自我训练来提升自

己的记忆力的，比如，有意识地去识记每天看到的事物、景象。对于难以记住的事物，可以使用联想记忆法记忆，比如，由篮球上的线条可以联想到经线。除了寻找好的记忆方法，还需要温故知新，强化记忆。

女生小攻略

增强记忆力的秘诀

有什么办法可以增强记忆力呢？现在就告诉你秘诀，一定要记住哦。

1. 大脑供氧充足是记忆的基础

人的记忆过程，就是大脑积极活动、进行记录和保存的过程。人一旦疲劳，尤其是大脑疲劳时，脑细胞的活动就会受到抑制。这时，外界进入大脑的信息不可能得到有效的接收和记忆。因此，要增强记忆力，首要任务就是保证大脑供氧充足，从而缓解大脑疲劳。

2. 带着目的记忆，提高记忆的效率

在其他条件相同的情况下，有明确的记忆目的，记忆效果更好；反之，记忆效果则较差。

3. 手脑结合，有效加深记忆

记笔记是一个有效加深、巩固记忆的方法。

4. 记忆要有高度的注意力

只有专心致志，聚精会神，信息才会在大脑皮层

中烙上深深的印记；反之，记忆力会下降或记忆效果不佳。

5. 记忆要遵循规律，及时复习

人的遗忘有一定规律。我们需要遵循其规律，及时复习。首先，要有规律的复习计划，依纲复习，纲举目张；其次，要集中复习、分散复习交叉进行以使复习效果达到最优，增强记忆。

6. 记忆要有良好的心理状态

心理学实验证明：同一个人，在心情舒畅、精神饱满的状态下，其记忆力更强。因此，要积极调整和保持良好的心理状态。

7. 记忆要有科学的方法

提高记忆力，不能够单纯地靠死记硬背，还需要科学的记忆方法。

一是理解基础上的记忆。在理解的基础上记忆，可以让人更清晰、持久地记住内容。

二是掌握科学的背诵方法。背诵应有一个明确的记忆提纲，就像图书的目录、电脑储存文件的路径一样，将知识放在"目录"中，将"目录"融在知识里，便于知识的记忆。

三是联想记忆。

接近联想，用相互接近的事物进行联想。一是相似联想。比如，将意大利的地图想象成靴子。二是对比联想，由相反事物的一方想到另一方。

8 用注意力驾驭想象力

注意力能否集中与学习的效果有很大关系。学习时注意力高度集中的女生，往往成绩优异；学习时注意力不集中的，通常成绩较差。

小雨是个讨人喜欢的女孩，聪明、听话，还写得一手好作文，可就是有一个毛病——注意力不集中。

想象力是小雨的一大学习法宝，这可都是小时候爱阅读的收获。

小雨的想象力在作文中总是能发挥大作用，写起作文来得心应手，故事写得绘声绘色。

三年级的时候，老师让同学们每人写一首儿歌，小雨也试着写了一首，没想到老师认为这是最好的一首，当场表扬了小雨，并把这首儿歌登在墙报最显眼的位置。

这算是小雨第一次"发表"作品。

从此，小雨的想象力就插上了翅膀，写作成了她最喜欢的事。无论上课、吃饭，还是走路、睡觉，小雨都爱琢磨写作技巧。

每次写作文、周记，小雨都认真地打草稿，修改后工工整整地抄在作文本、周记本上。作文课上，老师都会表扬小雨，或在全班、全校同学面前读她的作文。同时，一到学校的作业展览月，学校的老师和同学都争相阅读小雨的作文和周记。

六年级以后，小雨的作文写得更好了，她的作品在全市频频获奖。大家都十分佩服小雨，她成了同学眼中的"文学家"。

可是，一上初中，爸爸突然担心起来，因为小雨的注意力极差，且做事总是没有耐心。

爸爸跟她谈过好几次，小雨却理直气壮地说："只要有想象力，就有了飞翔的翅膀。注意力好有什么用啊。"

爸爸没办法，只能摇头，开始为小"文学家"的未来担心了。

　　之后，爸爸想了好多办法，也和小雨谈过好几次，小雨也觉得冤枉，说："不是我不想集中注意力，只是我会不知不觉地想到别的，我也是没办法啊！"

　　"小雨最喜欢听故事，你这样说她是没用的，要她自己想办法集中注意力，你不能代替她，只能靠她自己有意识地控制自己才有作用。"妈妈看着也很着急。

"你说得对，小雨最爱听故事，也会深入思考故事中的道理，要让她自己明白这个道理。"爸爸听了妈妈的意见，激动地说。

正好作文比赛主办方组织了一次游学活动，小雨因为作文获奖，爸爸就带着她去了。

一路上，小雨可高兴了，向爸爸问这问那的，看到什么都要问出个所以然来。

这天，他们在一座建在山上的寺庙里参观，奇怪的是，庙的后院有一块表面光滑的大石板。

小雨问爸爸："这块石板怎么这么光滑呢？"

爸爸笑着说："这个我也不知道，我们去问问庙里的师父吧。"

正巧，庙里有一位师父正站在不远处，小雨连忙跑过去问起大石板的奥秘。

这位师父笑着说："这是我们寺庙里历代方丈打坐的地方，方丈每天都会在这个石板上打坐两个小时，时间长了，石板就磨光了！"

"原来是这样啊！"小雨淘气地问大师，"那我可以坐在上面试试吗？"

"当然可以啊！"师父说完就笑着走了。

小雨赶紧爬上大石板，有模有样地打起了坐。

爸爸看小雨很有兴致，就说："我和你打个赌，你要能在上面坐上两个小时，我就给你买你想要的故事书。"

"没问题，不就是打坐吗，我一定行！"小雨说着，便闭起眼睛专心打坐，她想，两个小时，很快就会过去。

可是，没过几分钟，小雨就觉得两腿发酸，坐

不住了。

更糟糕的是，总有游人来来回回地走，并好奇地看着打坐的小雨，私下里议论着。

听到这些，小雨就更加无法集中注意力打坐了，很想站起身来，但是，想到这是在和爸爸打赌，不能轻易认输，便继续坚持。

又过了一会儿，小雨已经满头大汗了，实在坚持不住了，就翻身下了大石板。爸爸看看时间，才仅仅过了半小时。

爸爸笑着走过来，说："知道了吧，打坐可不是件简单的事！"

"为什么方丈能坐两小时，我却做不到？"小雨疑惑地问。

"方丈打坐的时候心无旁骛，注意力非常集中；

你脑袋里装着一只上蹿下跳的小鹿，一会儿在意自己的姿势，一会儿又在意别人说些什么，怎么能坐得住？"

听了爸爸的话，小雨惭愧地低下了头。

回到家以后，小雨开始练习打坐冥想，训练自己的注意力。渐渐地，竟然有了神奇的效果，她能够控制住心里那只上蹿下跳的小鹿了。

刷刷姐姐
有话说

正确认识和集中注意力

房间里有一个座钟或挂钟，我们通常是听不到嘀嗒声的，因为这种声音往往在我们的注意力之外。如果试着在学习的时候把一个座钟放在身边，这时会产生两种结果：要么停止学习去听钟的声音，要么忽略钟声继续学习。这便是人的注意力的反映。

注意力集中与否跟学习效果有很大关系。学习时注意力高度集中的女生，往往成绩优异；学习时注意力较集中的，成绩良好；学习时注意力不集中的，通常成绩较差。

注意力能否集中还与所做的事情是否为自己的需要和兴趣所在有关。对于自己感兴趣的事情，我们一般能投入其中，而对其他事情，则注意较少。

那么，注意力有什么特征，以及如何集中注意力呢？

一是要保持注意力的稳定性。比如，听课时，你大部分时间处在"溜号"状态或者偶尔会出现"溜号"状态，那么，你的知识断点就比较多，这样会直接影响听课质量，正确的做法是使自己的注意力保持在听课状态下，不让自己去想其他事。

二是增加注意的广度。意思是人在一瞬间观察到的内容的多少。在一秒钟内，一般人可以注意到四到六个相互间没有联系的字母，五到七个相互间没有联系的数字，三到四个相互间没有联系的几何图形。当然，不同的人具有不同的注意广度。一般来说，随着自身成长及有意识的训练，注意力广度会不断得到增加。

三是合理分配注意力。比如，你能够一边看书，一边记录书中的精彩词句；能够一边炒菜，一边听新闻。但人的注意力是有限的，不可能什么都关注。但能否两样东西都不耽误呢？这和注意力的分配有关，对于主要事物，需要重点关注，而其他的，适当关注即可。所以要根据自己的实际能力，逐渐培养注意力，并合理分配。

四是注意力转移练习。例如，当看完一个有趣的电影后，你让隔壁的姐姐给你来讲解数学的解题思路，如果你能迅速地把注意力从电影情节中转移到解题当中，你的注意力转移性就不错。又如，上语文课的时候全神贯注，上数学课时无法让注意力转移到数学课上，那么注意力的转移能力就不足，在数学课上的学习效果就会大打折扣。学会转移注意力和集中注意力一样，对提高学习成绩同样有好处，这点格外重要。

女生小攻略

如何训练注意力

注意力作为一种特殊的能力，需要通过训练来获得。那么，训练注意力的方法有哪些呢？

1. 运用积极目标的力量

给自己设定一个积极目标后，就要努力去实行。比如，要求自己今天必须做好每节课的笔记，就要在注意力高度集中的情况下，将这一天的学习内容记下来。当有了这样一个目标时，注意力就容易集中，能够更好地排除干扰。

2. 树立自信心

千万不要受他人的不良暗示影响。如果老师和家长批评你注意力不集中，你千万不要因此丧失信心，因为这种状态是可以改变的。

如果你现在不善于集中注意力，那么，好好努力，从他人身上认识自己的不足，寻找并学习集中注意力的方法。

只要你有自信心，相信自己可以具备提高集中注意力的能力，能够掌握让自己专注的方法，并付诸行动，你就一定能具备这种能力。

3. 排除内心的干扰

课堂上，同学们都很认真，但是，你的内心却有一种干扰自己的情绪活动。这时候，你要做的是，将它们都放下。学会将身体放松，将整个面部表情放松，将内心各种干扰都放到一边，是重要的注意力训练方法。

大脑是一个屏幕，会显示出很多东西，只要将在脑海中浮现的各种无关的信息排除，大脑中只留下现在要做的事情，就可以集中注意力。

4. 处理好学习与休息的关系

比如，试着集中一小时的精力，背诵八十个英语单词，看自己能不能背诵下来。学习完了，再休息，再玩耍。当再次进入学习状态的时候，又高度集中注意力，这叫张弛有度。一定要仔细体会。

另外，永远不要浪费时间，一定要善于在短时间内迅速将注意力集中起来，高效率地学习。要这样训练自己：行动的时候，像闪电雷霆；休息的时候，内心平静如止水；学习的时候，像军事进攻一样精力充沛。这样长期训练下来，就可以使自己的注意力高效集中。

5. 创造清静的空间

在家中学习时，你要将书桌上与学习无关的物品

全部清除。在你的书桌上，只有你现在学习所需要的东西。

在生活中，常会发生这样的事：你坐在桌子前，想做数学作业了，突然发生书下压着一张报纸，你忍不住就看起来了，看了半天，才想起来自己还没有开始写数学作业。

因此，在训练注意力的最初阶段，学习前首先要清除书桌上无关的东西，使自己迅速进入学习状态，即事先排除外界干扰，使自己能够全身心地投入学习中。这不仅是在训练自己的注意力，也能提高学习效率。除此之外，也可以根据喜好创造适合自己的学习环境，让自己在集中注意力的同时，带着轻松愉悦的心情学习。

现在一起想想想

其实，学习的过程就是不断提出问题，再不断解决问题的过程。你提出的问题越多，说明你思考得越多，应该为此感到自豪。

冰冰的口头禅是："赶快上网查一下嘛！"

不会的作业，上网查一下；生活中碰到的问题，上网查一下。

可糟糕的是，冰冰居然把上网搜索的方法搬上了考场。

那次语文考试特别难，一看到卷子，冰冰就傻眼了，怎么办呢？上网查一下啊！冰冰自然会想到她的神器。

冰冰悄悄拿出手机，在考场上查起语文卷子上的试题来。

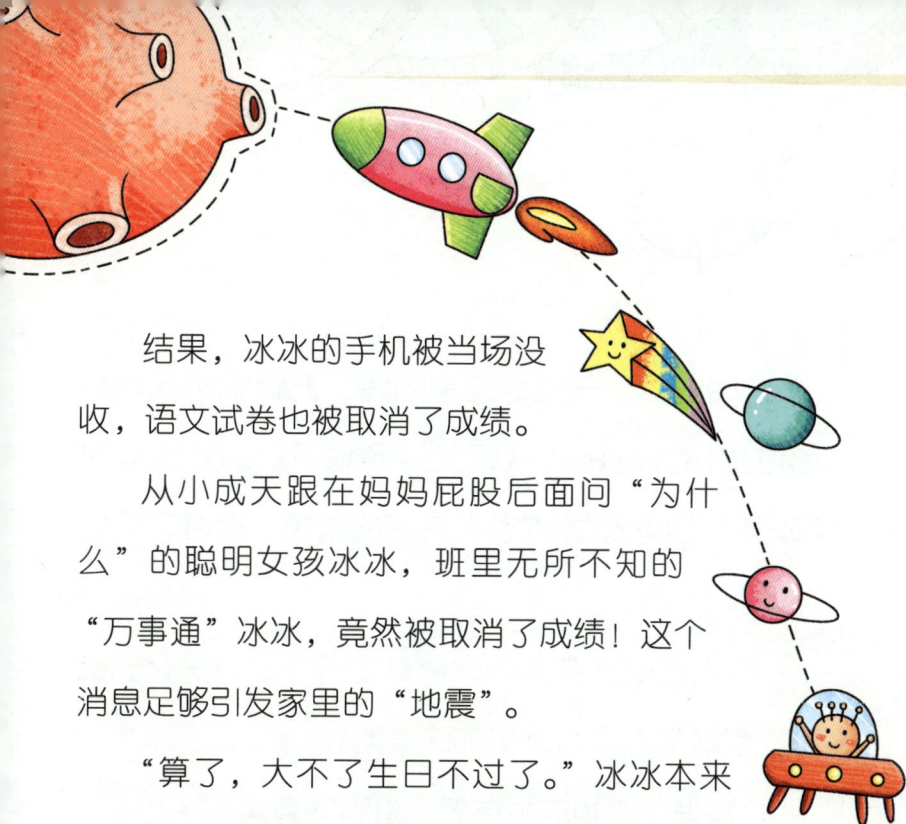

结果，冰冰的手机被当场没收，语文试卷也被取消了成绩。

　　从小成天跟在妈妈屁股后面问"为什么"的聪明女孩冰冰，班里无所不知的"万事通"冰冰，竟然被取消了成绩！这个消息足够引发家里的"地震"。

　　"算了，大不了生日不过了。"冰冰本来打算考个好成绩，然后高高兴兴地过生日，再从妈妈那里得到盼望已久的生日礼物。

　　但是，这一切都因为成绩被取消破灭了。

　　生日那天，爷爷、奶奶、外公、外婆全到齐了。冰冰做好了最坏的打算。

　　奇怪的是，妈妈下班后并没有摆出要批斗的架势，也没有向长辈们说冰冰成绩被取消的事情，手里还拿着一个大蛋糕。

"明白了，一定是先甜后苦，先让我高高兴兴地过生日，再让我从天上掉到地下。那就放马过来吧！"冰冰想象着家人突变的脸色，做好了应对准备。

在大家的欢笑声中，蛋糕切开了，可是吃到嘴里，蛋糕怎么没有香甜的味道呢？

"妈妈，您买的蛋糕怎么没有味道啊？"

"什么，这蛋糕挺甜的呀？"大家一脸惊讶。

只有妈妈冷冷一笑，说："怕是你心里没有滋味吧，这蛋糕可是跟往常一样的。"

惨了，原来是自己心里有鬼，冰冰只好低下头，默不作声了。

　　吃完蛋糕，妈妈拿出一个精美的盒子，说："这是我和爸爸给你准备的生日礼物！"

　　不会吧，还有生日礼物，哈哈，难道妈妈不追究成绩被取消的事情了？

　　"啊，这是什么啊？"冰冰打开盒子，里面竟然是一个笔记本。

滋味
生锈
独立思考

　　"这个笔记本送给你，希望你以后遇到问题不害怕，不惊慌，而是冷静思考，这个笔记本就用来记录你遇到的问题和思考的过程吧！"爸爸对冰冰说。

　　"没错，冰冰，你要知道，不会思考的孩子没有未来。从今天开始，你不准再拿手机，也不许

再上网，遇到问题自己思考，解决不了的可以求助爸爸和我，我和爸爸就是你今后的'手机'，知道吗？"

呀，原来是这样啊，好在妈妈始终没有揭开冰冰考试成绩被取消的秘密，还算给冰冰留面子，冰冰立马同意了。

这个笔记本从此占据了冰冰的书桌一角。冰冰也从此告别了什么事都要上网查一下的习惯，让自己生锈的脑子重新运转起来。

在思考的过程中，冰冰体会到了学习的乐趣，尤其是当自己通过独立思考解决了学习上的难题时，冰冰总感觉内心充满欢愉，好像整个世界一瞬间变得明朗起来了。

看到冰冰的进步，大家都为冰冰感到高兴。冰冰的心里美滋滋的，也更加喜欢思考了……

刷刷姐姐有话说

提高理解能力

除了多想、多问、多做，对女生来说，理解能力也是影响学习的一个重要因素。

老师讲解习题，有的人一说就通，很快明白；有的人神情木讷，糊里糊涂。

为什么会有这样的区别？有的人一思考就能理解，有的人想半天也反应不过来？

其实，学习能力和理解能力密切相关，如果我

们的理解能力提高了，那学习效率也将大大提高。很多时候，不是我们不够聪明，而是我们不懂得如何理解问题。

那么如何提高理解能力呢?

首先，要尝试从多个角度看问题。

只有尝试从多个角度去观察、思考，才有可能发现更多的细节，有助于你的理解。

其次，要学会"从有到无"。

我们需要努力跳出已有的思维模式，不断地让自己用新的方式思考，更新、提升自己的思考方式，这样理解能力才能不断提高。

最后，要不断地尝试新事物。

我们需要不断地接触新事物，不断地总结经验、思考提升，这样一来，我们才能加强我们的理解能力。

女生小攻略

让你终身受益的思维方法

1. 让知识点彼此联系起来

你的小脑袋里总是充满疑问，当你皱着眉头，一脸急切地来问"为什么"时，大人们的本能反应就是尽力给你答案。知道答案固然可以增加知识量，但是如果你总是被动地接受这些彼此孤立的知识，思维能力很难得到提高。

不如试着换一种方式，比如，在思考这些问题时，试着用以前的经验进行推理，这能帮助你提高独立思考的能力和学习能力。

2. 张开想象的双翼

这个训练也被称作"异想天开法"，有助于充分发挥自己的想象力。青春期是充满幻想的时期，一旦开始异想天开，不人云亦云，可贵的创造性思维模式就开始形成。

3. 新眼光看平常事

如果问4是不是8的一半，通常人们会回答说："是。"如果再问："0是8的一半，对吗？"经过一段时间思考后，一部分人会同意这一说法（8是由两个0上下相叠而成的）。这时如果再问："3是8的一半，是吗？"人们能很快联想到将8竖着分为两半，则是两个相对的"3"。

摆脱固有的思维模式是创造性思维的起点。学会转换思维的角度，我们就会更好地看到问题与情境之间的关系，才能发现创造性的解决问题之道。

4.对已知发起质疑

创造性思维的另一个特征是对已知的不断质疑：真的还是假的？从而寻求新的可能性。如果你习惯于批判性地深入思考问题，那么你的思路就会更开阔、更灵活。

5.别让"不"绊倒你

自信是你不断进步的前提。有了自信，你就会变得勇敢，不怕冒险。假如你不自信，当你听到"不"

字时，这可能会让你沮丧，使你失去前进的动力。

因此，在任何时候，都不要让"不"字束缚、限制住你的创造力。

同时，要对各种可能性说"是"，说"为什么不"，而不是"我不能"，然后集中精力对自己的想法进行验证。要知道，伟大的创造往往就是这样诞生的。

10 让学习快乐起来

不论你觉得现在的自己是多么"差"和"笨"，都不能自暴自弃，要多鼓励自己，树立起自信，不要因为生活中的苦闷和烦躁心情而一腔怒气。微笑吧，做一个快乐的学习者。

学习是什么颜色的？

对兰兰来说，学习是灰色的。

一提起学习，兰兰原本明亮的心情马上就会蒙上灰尘，就像突然来袭的雾霾，让人呼吸困难，抬头是雾蒙蒙的一片。

不是兰兰不想学，也不是兰兰学习不努力，那到底是什么原因呢？用兰兰自己的话来说，就是一个字——笨！

俗话说："笨鸟先飞早入林。"于是，兰兰就努力开始"先飞"。

你瞧，四周一片黑暗，唯独兰兰卧室的灯还亮着，不用猜，兰兰还在学习呢！她把课文读了一遍又一遍，把数学公式背了一遍又一遍，十二点了，她又开始预习第二天要学习的内容。预习完语文和数学，已经深夜一点了，兰兰这才打着哈欠去睡觉。

可是，这样一来，第二天哪有精神听课呢？

果然，第二天，老师在讲台上讲得神采飞扬，兰兰在底下不住地点头。你可别误会，她可不是在回应老师讲得好，而是在打瞌睡。

数学老师讲完一个章节了，按照平常的习惯，他要叫同学起来回答问题。同学们都正襟危坐，生怕老师认为自己不认真，唯独兰兰，她还在不住地点头呢。

"兰兰，你说一下，怎么计算一个数的绝对值呢？"数学老师一脸严肃地盯着兰兰。

兰兰依旧点着头，同桌鑫鑫

见兰兰半天没反应，只好偷偷用手指捅了捅兰兰，兰兰这才一脸惊愕地站起来。

数学老师没发火，又问："怎么计算一个数的绝对值，知道吗？"

兰兰低头思索，"绝对值"，她记得自己昨天还看过呢，怎么现在就不记得了？兰兰想了半天，也没想起来。

数学老师叹口气，皱皱眉，让兰兰坐下。"同学们啊，数学是一门非常重要的课程，如果现在不打好基础，以后学习物理、化学就很难了！"说完，数学老师望了望兰兰，"成绩不好，上课又打瞌睡，这数学怎么能学好呢？"

其实，不只数学老师替兰兰着急，很多科目的老师都替兰兰着急。他们想不明白，这个整天坐在教室里看书的女孩，为什么成绩总是不见提高呢？

好在兰兰并没有放弃，她依然很努力，很刻苦，只不过，她的努力依然一如既往地和收获不成正比。

就说同样让兰兰头疼的地理吧。上课时，老师说"经线长短一样，纬线长短不一"，兰兰却总是把它们弄反。所以一提"东经""北纬"，兰兰就迷糊。

为了能让自己"清醒"，兰兰也想了不少办法。最后，兰兰养成了一遇经纬线就画图的习惯。可这样，既费时又麻烦。无奈，还是请老师再讲讲经线和纬线的区别吧。

老师听到兰兰提问，很耐心地解释说："经线是半圆，纬线是一个圆；经线是……"

神采飞扬
正襟危坐
收获

老师给她讲了一大串，兰兰一知半解。最后，老师干脆直截了当地说："竖着的是经线，横着的是纬线。"这下，兰兰总算明白了。

可是没多久，问题又来了。

上课时，老师告诉大家，0度经线是本初子午线，0度纬线是赤道，南北半球的分界线是赤道，东西半球的分界线是由西经20度和东经160度组成的经线圈。可是，兰兰怎么也搞不懂这个"东经160度和西经20度"到底在哪儿。

兰兰费力地反复记着这几个数字，可是一到考试，还是弄反了，这让她更加沮丧和苦闷。

拿着不及格的地理试卷回到家，兰兰连吃饭的心情都没有。

"兰兰，你怎么了？无精打采的。"爸爸早就发现兰兰有点不对劲了。

"爸爸，您觉得我笨吗？"兰兰认真地问。

"啊——这个——"爸爸被兰兰问得吃了一惊，不知道该如何回答。

"我就知道自己笨，您也别为难了。瞧瞧，连地理都考不及格，不是笨是什么？"兰兰一边说，一边拿出了地理试卷。

爸爸接过地理试卷看了看，对兰兰说："这次没考好没关系，下次再努力。我可从来没觉得你笨，爸爸相信你能行！"

虽然爸爸没有埋怨自己，但兰兰还是很伤心，毕竟不及格是很丢脸的事情。

马上要到暑假了，兰兰为自己制订了详细的学习计划：早上七点起床，先读半个小时英语，然后吃饭，再学习数学一个小时，接着学习语文一个小时……当然，还有最头疼的地理，兰兰也安排了

时间。

"爸爸，这是我的暑假学习计划，您帮忙监督我吧！"

兰兰把计划交到爸爸手里。

爸爸看了一眼，把兰兰的计划书放到一边，说："兰兰，你是个很努力的孩子，爸爸为你感到骄傲，但是，你要知道，学习应该是一件快乐的事情，你这样安排自己的暑假觉得快乐吗？"

兰兰委屈地低下头，说："我也很想快乐地学习和玩，但是，学习成绩提高不了，我没有心情玩啊！"

"这样吧，爸爸跟你一起去西北徒步旅行吧。我们把学习计划先放一放，等回来以后再安排，好吗？"爸爸说。

"嗯，我听您的！"兰兰从小就喜欢旅行，虽然学习压力很大，但还是同意了。

"不过，这次旅行有个条件，你要当向导，一定要提前准备好地图、指南针什么的。要是迷路了，我们可能会被西北的野狼吃掉呢！"爸爸笑着说。

"没问题，您放心。"

为了这次徒步旅行，兰兰做了充分的准备，在地图上详细地标上了经纬度。

经过这次旅行，兰兰已经把经纬度的知识烂熟于心了。回过头来看地理课上的问题，兰兰觉得非常简单。

兰兰激动地跟爸爸说："您的主意真好！经过这次旅行，地理上的问题我全弄明白了。"

"那你知道自己为什么一下子全学会了吗？"爸爸笑着问。

兰兰迷茫地摇摇头。

"那是因为你学习的心情不一样！"爸爸说，"以前，你是为了考试而学习，学习就变得很辛苦。

这次不一样，你是为了旅行而学习，你是带着好奇和探究的心情学习的，对学到的东西印象就更深刻，学习的效果也更好。"

兰兰若有所思地点点头，说："我明白了，以前一提到学习，我总感觉心里灰蒙蒙的。这次不一样，拿着地图研究的时候，心里总是敞亮的。"

"是啊，只有让学习的天空变蓝了，学习才会成为一件快乐的事情，效果才能越来越好啊！"爸爸拍拍兰兰的头说，"现在去修改你的暑假学习计划吧，一点点地来。记住，最重要的是，这个学习计划一定要是出于你的心。"

兰兰的新版暑假学习计划终于出炉了，她还在计划后面写下一句话：这就是兰兰制订的快乐学习计划！

刷刷姐姐
有话说

如何让学习变得快乐起来

"让学习变得快乐起来，学习就不再是负担。"这不是一句空话，只要一步一步去做，去思考，就能变成现实。

第一，确定正确的学习目标。学习的目的不是应付考试，而是为了拥有知识。如果学习是为了高分，你自然很难获得快乐，因为你难以体会到掌握知识的成就感和满足感。学习是一个不断探求的过程。最令人感到愉快的，不是探求的结果，恰恰是探求的过程。

第二，要培养科学的学习习惯。学习成绩的好坏，往往取决于是否拥有良好的学习习惯。

学习最忌死记硬背，不论学习什么内容，都要问为什么，这样学到的知识似有源之水、有根之木，容易运用到实际生活中。即使你所提的问题超出了课本知识范围，甚至老师也回答不出来，也不要紧，因为可以不断探索，直到自己想明白。重要的是，要有求知欲、好奇心，这些都是培养我们学习兴趣的重要途径。

第三，学会发散思维，培养联想的思维习惯。在学习中我们应经常注意知识之间、学科之间、所学内容与生活实际之间的联系，不要孤立地看待知识，要养成多角度地去思考问题的习惯。

第四，养成预习、复习的习惯。预习可以帮助我们提高自学能力，而且习惯课前预习，总能在学习中处于主动地位，从而从学习中感受到快乐。

第五，记住：学习不是一天的事。学习不是一堂课的

事，也不是一天的事，更不是一个学期的事。今天的我们，一天不学习，就有可能跟不上时代发展。学习是一辈子都要做的事情，它贯穿于我们的一生。所以，努力让自己的学习变得快乐，以轻松愉快的心情面对每天的生活，这样一来，学习会变得更快乐，生活也会变得更美好。

女生小攻略

快乐学习法

能在学习中获得快乐是学习的最高境界。要想达到这个最高境界，需要很多的科学方法。

1. 听身体的"号令"

听身体的"号令"是指根据身体的提示来安排学习，比如饥饿、疲劳等都是身体的提示。在饥饿、疲劳等情况下学习，不仅学习的情绪不高，而且效果也不佳。因此，要让自己

的学习变得有效率，变得快乐，就要注意听身体的"号令"。如看书看久了，眼睛开始酸痛，那就出去活动一下，看看绿树鲜花、蓝天白云，让眼睛得到放松，之后再学习，事半功倍。有时，自己会突然很想学习或做某件有意义的事，那就好好抓住这种感觉，立刻行动起来，因为这种想法稍纵即逝，一旦抓住了并付诸行动，就能让我们体会到发自内心的快乐。

2. 在做你喜欢做的事前学习

每个人都有自己最喜欢的一项业余活动，都有自己的兴趣爱好。比如，你最喜欢看动画片，可以看，但必须在做完作业以后看。如果以前没有这样的习惯，就给自己制订一个计划。假设动画片是在六点播，你就要在五点开始做作业。制订好计划后，写在纸上，每天遵守，雷打不动。

为什么要这样做呢？因为做作业时，大脑容易疲劳。有时你要排除很多干扰因素才能完成作业。做完一件辛苦的事情，再做自己最喜欢的事情，就等于给自己一个安慰，一个奖励。能把做作业和快乐连接起来，你就会愿意学习，也容易形成习惯，否则就可能产生厌学心理。

我们常常会看到这样的情况：放学回家，先是找吃的，然后看电视，然后打游戏，接着吃晚饭，磨蹭一会儿再洗澡，到了快要睡觉的时候，作业还没有做。也就是说你把所有能享受的都享受完了才不得不做作业。在这种情况下，你也就没有了做作业的劲头了。正确的做法是，在放学后，先把自己的作业完成，然后娱乐，这就是人们说的"先苦后甜"，否则你的学习生活可能进入恶性循环。

3. 学会休息

当你用心学习一段时间后，大脑就会疲劳，如果继续学习，学习效果会越来越差，而且容易分神。时间上允许的话，你可以进行一会儿户外活动或玩游戏，需要注意的是，这样做是为了让身体得到休息和放松，以便更好地学习。这相当于课间十分钟，可以在户外走动走动，呼吸呼吸新鲜空气，也可以逗逗家里的小动物，等等，千万不要做剧烈运动，也不要玩容易让大脑紧张、兴奋的游戏，因为这对接下来的学习都是不利的。学习一会儿，玩一会儿，玩一会儿，学习一会儿，这样就形成了一个良性循环；学习一会儿，快乐一会儿，快乐一会儿，学习一会儿，于是一学习就快乐，一快乐就学习，就会慢慢形成"学习—快乐"的模式。这样发展下来，就容易对学习产生兴趣，并喜欢学习了。喜欢学习，学习效率就能得到提高，从而激励自己更加努力地学习。最后，快乐学习法也就被你掌握了。

4. 不要轻易给自己加任务

有时看到自己很快就做完作业了，又怕浪费时间，就不自觉地给自己加作业。对自己来说，这不一定是好的行为。你不知道你这样做，有可能会破坏做作业的感觉，最后就不喜欢做作业了，从而导致不喜欢学习。此时，做些其他的事才是上策，就像好吃的东西不要一次吃太多一样。你要知道，学习是一生的事情，是一辈子的事情，要循序渐进。如果你有大量的空闲时间，可以阅读感兴趣的书，或根据自己的阅读能力看其他种类的书，让自己真切地感受到学习的乐趣。

5. 学习时可以播放喜欢的音乐

如果作业比较多，你又喜欢听音乐，可以播放一些。这里指的是既能缓解疲劳又能让自己感到轻松的音乐，而不是令人兴奋的摇滚乐。你可以边听音乐，边做作业。这样不仅能缓解疲劳，还可以提高做作业的效率，缩短作业完成时间。

6. 优化学习环境

解决了影响学习的其他因素，影响学习的环境因素也要重视。学习要在书房或安静的场所进行。如果有条件，可以把一个房间作为书房。书房可以按照自己的意愿装饰一下，比如放一些绿色植物。书房只有做作业的时候才可以用。如果你要玩，不要在书房玩。

在书房玩得开心，形成习惯，一进书房大脑就会进入玩的兴奋状态，而很难进入学习状态。

7. 形成良好的生活习惯

从放学回家，一直到睡觉，活动地点、内容和时间要相对固定。在适应了一套作息时间后，可根据实际情况做出调整。这一点对现在和未来都十分重要。同时，请记住下面的话：睡好了，想开了，心情就好；不烦躁，不焦虑，状态就好。吸一口新鲜空气，生活是多么美好！

在学生时代，只有身心放松、思想健康、学习快乐、生活轻松，学习和生活才能充满欢声笑语，学习成绩才能芝麻开花——节节高。

刷刷

中国作家协会会员，儿童文学作家，江苏省优秀校外辅导员，江苏省十大优秀科普作家之一。主要作品有《向日葵中队》《幸福列车》《八十一棵许愿树》《星光少年》等。作品入选"优秀儿童文学出版工程"、"向全国青少年推荐的百种优秀图书"、"中国好书"月度好书等，曾获江苏省精神文明建设"五个一工程"奖、桂冠童书奖等。有多部作品被改编为儿童广播剧、儿童音乐舞台剧、儿童电影、百集儿童校园短剧等。